Inhalt

Griechenland unter Kuratel - das Haushaltsloch ruft die EU auf den Plan

Kernthesen

Beitrag

Fallbeispiele

Weiterführende Literatur

Impressum

Griechenland unter Kuratel - das Haushaltsloch ruft die EU auf den Plan

R.Reuter

Kernthesen

- Trotz 15-jährigen Wachstums hat sich Griechenland kaum um Haushaltssanierung bemüht. Jetzt steht das Land vor der Pleite.
- Die EU-Kommission hat das Land an die Kandare genommen und verlangt Reformen. Die Haushaltsmaßnahmen der Athener Regierung will die EU einmal im Quartal überprüfen.
- Auf den Euro-Kurs hat die Misere

Griechenlands eine verheerende Wirkung. Derzeit stolpert die Gemeinschaftswährung von einem Tiefststand in den nächsten.

Beitrag

Griechenland in der Schuldenfalle

Das Haushaltsdefizit Griechenlands hat solche Ausmaße angenommen, dass das Land derzeit zu den am stärksten verschuldeten Ländern der Euro-Zone gehört. 2009 betrug das Staatsdefizit 12,7 Prozent des Bruttoinlandprodukts (BIP) und lag damit so hoch wie in keinem anderen Mitgliedsland. Der Schuldenstand beläuft sich auf 120 Prozent des BIP und stellt eine weitere Höchstmarke dar. Die Kreditwürdigkeit Griechenlands ist von Rating-Agenturen darum bereits herabgestuft worden. (1)

Euro im Abwärtsstrudel

Die deutsche Wirtschaft ist von der griechischen Misere gleich mehrfach in Mitleidenschaft gezogen. Dies zum einen durch den Eurokurs, der infolge der Misswirtschaft am Peloponnes in einen stetigen Abwärtsstrudel geraten ist. Zum anderen ist die

Schieflage des griechischen Haushalts so beträchtlich, dass das Land möglicherweise nur durch EU-Hilfen vor dem Staatsbankrott gerettet werden kann. Als größter Nettozahler der Europäischen Union würde deutsches Geld bei einer Rettungsaktion überproportional herangezogen werden.

Die derzeit markantesten Auswirkungen hat das griechische Haushaltsdefizit auf den Eurokurs. Mit 1,3584 Dollar für einen Euro wurde in diesen Tagen ein neuer Tiefststand erreicht. Gegenüber dem Schweizer Franken und dem japanischen Yen markierte die europäische Gemeinschaftswährung den niedrigsten Stand seit neun Monaten. Die desaströse Lage der Staatsfinanzen Griechenlands ist hierfür die Hauptursache, stellt aber nicht den alleinigen Grund dar. Befeuert wird der Euro-Abschwung durch die Haushaltsschieflagen von Portugal und Spanien. (1)

Anleihe für die Notkasse

Griechenland braucht jetzt erst einmal dringend Geld, um seinen Verpflichtungen nachkommen zu können. Auf dem freien Kapitalmarkt hat es das Land jedoch schwer, Kredite aufzunehmen, da seine Bonität bezweifelt wird und dementsprechend hohe Zinsen bezahlt werden müssten. Der griechischen

Regierung ist als Ausweg die Idee gekommen, zusammen mit anderen Staaten eine europäische Staatsanleihe zu begeben. Mitmachen sollen auch finanzstärkere Länder wie Frankreich und Deutschland. Griechenland käme bei dieser europäischen Gemeinschaftsanleihe in den Genuss niedrigerer Zinsen, während Frankreich und Deutschland höhere Zinsen bezahlen müssten. EU-Juristen halten eine solche Gemeinschaftsanleihe als nicht mit europäischem Recht vereinbar. (2)

Sparprogramm soll Defizit mindern

Neben der Suche nach Bargeld will die griechische Regierung nun auch die Staatfinanzen in Ordnung bringen. Hierzu wurde ein Sparprogramm beschlossen, das das Haushaltsdefizit von derzeit 12,7 Prozent des Bruttoinlandsprodukts auf 8,7 Prozent in diesem Jahr und bis 2012 auf unter drei Prozent senken soll. Um diese Herkulesaufgabe zu stemmen, sind die Budgets aller Ressorts um jeweils zehn Prozent gekürzt worden. Geplant sind überdies Reformen des Steuersystems und der Sozialversicherungen.

Ein Grundproblem in Griechenland bleibt jedoch die fehlende Steuerehrlichkeit. Steuerhinterziehung gilt dort nicht als unmoralischer Straftatbestand, sondern als legitime Notwehrhandlung gegenüber einem Staat, der von der Bevölkerung großflächig abgelehnt wird. Der griechischen Regierung wird der Vorwurf gemacht, diesem Treiben jahrelang untätig zugeschaut zu haben, statt die Eintreibung von Steuergeldern konsequent durchzusetzen. Das hohe Staatsdefizit geht neben fehlender Ausgabendisziplin insbesondere auf diesen laschen Umgang mit Steuerforderungen zurück. (3)

Die EU wird zum Wächter

Aus Sorge um die Stabilität der Euro-Zone wird die EU-Kommission die griechische Haushaltspolitik ab sofort rigide kontrollieren. Nie zuvor ist ein EU-Staat so sehr an die Kandare genommen worden. Hierzu gehört es auch, dass die EU der griechischen Regierung konkrete Maßnahmen diktiert. So hat die Kommission von Athen gefordert, die Lohnkosten im öffentlichen Dienst zu senken und nur noch jede fünfte frei werdende Stelle zu besetzen. Bereits im März muss Griechenland der EU überdies einen detaillierten Sparplan vorlegen, dessen Einhaltung alle drei Monate überprüft werden soll. Ob Griechenland die Forderungen erfüllen kann ist indessen durchaus fraglich, da die Gewerkschaften den Sparkurs nicht akzeptieren wollen. Sie haben darum Streiks angekündigt.

Die deutsche Bundesregierung hat zwischenzeitlich signalisiert, Griechenland nicht helfen zu wollen. Das Land habe jahrelang über seine Verhältnisse gelebt, sagte Finanzminister Wolfgang Schäuble, und müsse seine Probleme nun selbst lösen. Auch Deutschland tut sich derzeit schwer, den Stabilitätspakt einzuhalten. 2010 wird das erlaubte Defizit von drei Prozent um 2,5 Prozentpunkte übertroffen. Erst 2013 soll das Defizit wieder auf drei Prozent gedrückt werden. (4), (5), (6)

Trends

EU will Reformen erzwingen

Unter dem Eindruck der Disziplinlosigkeit der Athener Regierung will die EU-Kommission zukünftig stärker durchgreifen. Länder, die notwendige Wirtschafts- und Sozialreformen nicht vornehmen, sollen hierzu gezwungen werden. Als machtvolles Instrument wird sich die EU hierbei der zu verteilenden Subventionen bedienen. Diese könnten ausgesetzt werden, solange eine Regierung nicht im Sinne des Stabilitätspakts handelt. Zugrunde liegt dem neuen Kurs auch die Erfahrung, dass

Subventionen für strukturschwache Regionen nur selten zu einer echten Verbesserung der Wettbewerbsfähigkeit geführt haben. Trotz hoher Zahlungen aus den EU-Strukturfonds hätten Länder wie Griechenland, Portugal und Spanien gegenüber Deutschland ökonomisch nicht aufgeholt. (8)

Europa 2020

Überdies will die EU-Kommission auch den gut gestellten EU-Staaten Empfehlungen für ihre Wirtschaftspolitik geben. Hierfür wurde das Programm Europa 2020 entwickelt, das jedem Land individuelle Vorgaben macht. Jedes Land soll zwischen fünf und neun Empfehlungen erhalten, etwa bezüglich der Beschäftigungspolitik, der Umweltverträglichkeit oder die Innovationsfähigkeit. Das Programm soll ab März an die Stelle der Lissabon-Strategie für Wettbewerbsfähigkeit, Wachstum und Beschäftigung treten. (9)

Fallbeispiele

Europäische Sorgenkinder

Das von Schulden gebeutelte Griechenland steht mit

seiner desolaten Haushaltslage nicht alleine da. Ein weiteres Sorgenkind ist **Spanien**, das von der Rezession besonders stark betroffen ist. 2009 betrug die Neuverschuldung Spaniens 11,4 Prozent des BIP, womit die Negativ-Höchstmarke Griechenlands fast erreicht wurde. Wie Deutschland will auch Spanien den Stabilitätspakt erst 2013 wieder einhalten. Die Arbeitslosenquote beträgt 18,8 Prozent und liegt damit auf dem höchsten Stand seit über 30 Jahren. Helfen soll ein 50 Milliarden Euro schweres Sparpaket, das die Madrider Regierung in diesen Tagen auf den Weg gebracht hat.

Negativ auf den Eurokurs wirkt sich auch die schwierige Lage **Portugals** aus. Hier beträgt das Budgetdefizit 9,3 Prozent des BIP, was dem Land ebenfalls einen strengen Sparkurs auferlegt. Eine solche Rosskur muss auch **Irland** gerade durchstehen, das sein Defizit durch Kürzungen im Gesundheitswesen und bei den Sozialleistungen auszugleichen versucht. Eingeführt wurde zudem die sogenannte Bono-Steuer, die nach dem berühmten Sänger der irischen Band U2 benannt ist. Die neue Steuer hat diesen Namen erhalten, da sie insbesondere reichen Iren in die Taschen greift - zu denen Bono nach Volkes Meinung gehört. (7)

Weiterführende Literatur

(1) Das geringere Übel
aus Frankfurter Allgemeine Zeitung, 03.02.2010, Nr. 28, S. 17

(2) Griechen wollen europäische Gemeinschaftsanleihe
aus Frankfurter Allgemeine Zeitung, 03.02.2010, Nr. 28, S. 9

(3) Athen will Sparkurs verschärfen
aus Frankfurter Rundschau vom 02.02.2010, Seite 15

(4) Griechenland sieht sich als Opfer von Spekulanten Defizitsünder - Die Staatsverschuldung ist atemberaubend, andere Länder geraten mit in den Abwärtssog. Doch Griechenlands Regierungschef Papandreous sieht die Schuld woanders: Sein Land sei Opfer eines "beispiellosen spekulativen Angriffs" - und darum die Wirtschaft in Gefahr.
aus ftd.de.

(5) Athen schlägt Alarm / "Beispielloser spekulativer Angriff auf Griechenland"
aus ftd.de.

(6) EU entmündigt Griechenland Kommission macht erstmals wirtschaftspolitische Auflagen · Ständige Kontrolle des Defizitabbaus
aus Financial Times Deutschland vom 04.02.2010, Seite 1

(7) Euro-Sorgenkinder lernen das Sparen

aus Handelsblatt Nr. 022 vom 02.02.2010 Seite 18

(8) Barroso treibt eine Wirtschaftsregierung für Europa voran
aus Handelsblatt Nr. 023 vom 03.02.2010 Seite 10

(9) EU will mit "Europa 2020" aus der Krise
aus Frankfurter Allgemeine Zeitung, 03.02.2010, Nr. 28, S. 11

Impressum

Griechenland unter Kuratel - das Haushaltsloch ruft die EU auf den Plan

Bibliografische Information der deutschen Nationalbibliothek

Die Deutsche Nationalbibliothek verzeichnet diese Publikation in der deutschen Nationalbibliografie; detaillierte bibliografische Daten sind im Internet über http://dnb.d-nb.de abrufbar.

ISBN: 978-3-7379-1661-5

© 2015 GBI-Genios Deutsche Wirtschaftsdatenbank GmbH, Freischützstraße 96, 81927 München, www.genios.de

Alle Rechte vorbehalten. Dieses Werk ist einschließlich aller seiner Teile – z.B. Texte, Tabellen und Grafiken - urheberrechtlich geschützt. Jede Verwertung außerhalb der Grenzen des Urheberrechtsgesetzes bedarf der vorherigen Zustimmung des Verlags. Dies gilt insbesondere auch für auszugsweise Nachdrucke, fotomechanische

Vervielfältigungen (Fotokopie/Mikroskopie), Übersetzungen, Auswertungen durch Datenbanken oder ähnliche Einrichtungen und die Einspeicherung und Verarbeitung in elektronischen Systemen.